Honneurs du Soleil

FSC
www.fsc.org
MIXTE
Papier issu
de sources
responsables
Paper from
responsible sources
FSC® C105338

Honneurs du Soleil

Stéphan Dupuis-Brault

© 2020, Stéphan Dupuis-Brault

Édition : BoD – Books on Demand, 12/14 rond-point des Champs-Élysées, 75008 Paris
Impression : BoD - Books on Demand, Norderstedt, Allemagne

ISBN : 9783222206865

Dépôt légal : Avril 2020

Le Soleil : le Tout-Puissant seigneur

En admettant que le Soleil, cette merveille, fait resplendire parmi la Vie ce symbole qu'est le Seigneur, et que la Terre agrée à cette raison d'être, telle notre Mère, le sens des dires de cette parabole révèle que je doive cultiver le bonheur. Ils ont délégué Dieu pour qu'il puisse s'intéresser à mes activités et qu'Il puisse en rendre compte pour Eux. Ainsi, jusqu'à cette heure, j'ai eu cette raison de me plonger en contemplation devant le Tout-Puissant seigneur.

Ceci est donc une pensée qui précise, que vers Toi et l'au-delà, Maître suprême du Système solaire, s'acheminent mes prières, tout en espérant que culmine un monde parfait et charmant créé par Toi. Avec l'appui de la Terre féconde, qu'il soit que je reconnaisse mes erreurs par le labeur ; tout en respectant l'ordre intergalactique, je te voue un culte catholique !

L'Univers : notre motivateur

Ce n'est qu'un respect instinctif que les honneurs dus au Tout-Puissant seigneur confèrent à notre espace congélatif, en conséquence à un renouveau apporter par la science. Nous nous devons donc de voir l'Univers par des yeux heureux et avec une raison déterminante : celle que la noirceur, bien que permanente, soit une alliée à la splendeur du Bien-Aimé. Ainsi, l'être vivant doit renforcer sa motivation pour arriver à ne point baisser pavillon, face à sa volonté de vivre pour l'éternité.

C'est l'Univers, dans toute son infinité, qui rend sa comparse l'immortalité si importante et si vivante. À notre ère, cette éternité, tant briguée, paraîtrais telle une sphère de vie dépourvue de valeur, tel un poème sans vers, sans ce motivateur qu'est l'Univers. C'est maintenant face à cette poussière intergalactique formant l'espace, que la puissance fantastique de ce Seigneur Bien-Aimé fait se dissiper gentiment la crainte pour mieux faire voir l'innocence. Que Sa volonté soit faite afin que nos vies produisent des richesses, et que notre avenir s'annonce ainsi prospère, tout en étant échafaudé de hardiesse.

Sirius : l'Oncle bienveillant

Dans notre ciel perpétuel à l'allure abyssale, mais blasonné d'étoiles, j'ai observé un astre si brillant qu'il parait bienveillant. Ce phénomène est nul autre que Sirius qui (à en croire ce qu'Uranus, lui, fait circuler d'information à ce sujet) a été surnommé « Oncle bienveillant » par ses compagnons de domaine.

Nous, nous le reconnaissons maintenant tel un parent glorieux venu des Cieux. Il nous éclaire tel un phare corrigeant un écart dans les airs, sur la terre basse, les mers ou dans l'espace. Notre Oncle bienveillant, en rencontrant des brebis égarées, ramène celles-ci chez Lui pour mieux les rediriger vers le chemin de l'Être suprême adoré. Guide-moi tel un sauveur, car je t'adore cher seigneur qui dore ce chemin. Guide-moi afin que rien ne fasse obstacle à la vie éternelle venue du Ciel.

Notre système Solaire : l'aire vivante

Dans l'infinité, il y a un endroit extraordinaire et vivant où la fidélité se veut être un grand art populaire. C'est le Système solaire : une aire de vie au sein de laquelle nous nous devons de faire honneur au Seigneur et à ses amis sincères. La fidélité, à l'être supérieur qu'est le Soleil, est requise afin d'obtenir un privilège qui, comme nous le savons maintenant, nous retrouvons probablement aussi ailleurs. C'est la Vie éternelle. Ô, cette vie si belle que nous ne pouvons entacher par la perfidie, pour qu'elle reste ainsi considérée sacrée.

Écoutons le sermon du Soleil de l'univers, dans la perspective de faire union avec Lui dans nos vies respectives et vers l'obtention du bonheur à l'heure des faits divers. Voguons aujourd'hui dans le sens de la vie pour qu'elle puisse sentir bon.

Les Galaxies : les exemples

Je vis gaiement, je marche et je galère, comme les galaxies existent en paraissant serpenter l'Univers. Cet ample Univers dévoile, sous des galaxies d'étoiles qui me servent d'exemples, des planètes qui valent chères vues de ma lunette. Et ces formations, que sont les galaxies, m'inspirent, en route vers ma destination, à être unis avec ce navire qui bonde d'êtres vivants, et que je nomme le Monde. Je me dois de révolutionner, axé sur ces planètes animées par Ses galaxies, pour atteindre le faîte du paradis.

Les étoiles et les planètes qui forment les galaxies, ces taxis à grandes voiles, sont les exemples lointains que je me doive de mettre sur ma sellette en tant qu'être humain. Tous les êtres vivants aussi doivent unir leurs forces, les vieilles pousses, les jeunes fringants ou les jeunes précoces, afin que la vie puisse fleurir sur Terre et dans l'Univers. Il n'y a qu'un chemin possible : celui que la voix du Tout-Puissant seigneur nous rend bien accessible.

La Voie Lactée : l'héritage mythologique

Il fut un temps lors duquel la mythologie fit verdir, par l'intermédiaire de ouï-dire, un printemps d'aventures célestes et terrestres. Au cours de cette ère, les *Honneurs du Soleil* furent sous haute protection de différentes façons. L'une de ces protections se retrouve sous les ailes de la Voie Lactée et de la mythologie inventée, elle, bien avant aujourd'hui. Ce protectorat du Soleil, formé par la Famille merveilleuse est issu de l'héritage mythologique de Héra : Héra donnant naissance, selon toutes croyances, à la Voie lactée.

Notre galaxie symbolise maintenant cette substance organique qu'est le lait d'importance à la vie physique. Il est essentiel à l'existence charnelle. Puis, la culture, une nourriture pour nos esprits petits, est aussi une base de ces honneurs du Tout-Puissant seigneur. La culture nous permet d'évoluer et de rester à l'affût de notre salut qui exige le respect envers autrui et qui demande que nous Lui fassions honneur.

Le Seigneur respecte et prend soin du trésor que nous sommes. Il n'est point avare d'amour pour ses enfants, mêmes les plus barbares ou ceux qui se disent troubadours.

Alexandre Le Grand : le leader

  À une époque, durant laquelle le monde a peut-être écopé du fait qu'il y ait eu trop d'idoles, un homme s'est inscrit dans les manuscrits d'écoles en meneur vers le bonheur. Ce leader a été Alexandre Le Grand qui, digne d'un sauveur couronné empereur, a toujours fait parader ses troupes vers l'avant. Ainsi, certains groupes, encore hésitant, ont pu suivre une route vers le Seigneur, et trouver le bonheur tant recherché et tant célébré sur terre ou sur mer. Cette recherche de félicité a été essentielle au rythme fonctionnel de l'humanité.

  C'est en compagnie de leaders tel Alexandre, quand nous le regardons de la même façon que le fait le Seigneur, que le caractère accompli de tout un chacun peut ressortir et bâtir vers le ciel. Ainsi, nous pouvons, sans risque superficiel de travers, aller là où la bienveillance du Seigneur est honorée et l'importance de l'univers bien intégrée. C'est une fois sur un territoire promis, acquis avec Sa gloire, que la population, ensemble, peut se permettre de respirer et de rêver puisque la multitude entraîne la certitude. Il n'y a pas d'alternative pouvant remplacer, dans son entièreté, cette valeur qu'est cette félicité enfin trouvée après tant d'efforts. Il faut donc continuer d'adorer Dieu et de vénérer les meneurs qui nous ont guidés vers le Tout-Puissant seigneur. Longue vie active sur Terre !

Jules César : l'ambassadeur de la gloire

Parmi les grands hommes qui foulèrent cette planète, il y en eut un éminent et reflétant le progrès. Le progrès se voulut d'abord hésitant, mais devint insistant sous la domination de cet ambassadeur de notre gloire auprès du Seigneur. Ave ! César ! Nous nous souvenons de toi tel un précurseur et un réformateur, portant un nom destiné à régner sur un monde en évolution et en ébullition.

À l'époque, l'on votait en petit bloc fermé pour bien se maintenir, sans opposition, au sommet du pouvoir et de la gloire. C'est alors qu'un homme politique a décidé de se dévoiler en un orateur stoïque doté de convictions personnelles. Ave ! César ! Nous reconnaissons, à l'unisson, l'heure à laquelle est né ce dictateur.

Le précurseur a trôné sur ses lauriers. Il aurait été l'idole par excellence. Jules serait aujourd'hui, avec sa prestance, l'étoile préférée de la télé. Ave ! César ! Il va falloir que nous te donnions notre gloire, pour qu'elle se rendisse, par ta détermination, au Tout-Puissant seigneur, et afin qu'Il s'en fasse bien sûr honneur.

Le Christ sur Terre : l'empereur Charlemagne

Soyez informés qu'un messie est ni plus ni moins qu'un employé de Dieu, qui a été assigné à un destin fabuleux. C'est le cas de Charlemagne qui mena les siens, les Carolingiens, vers ce destin. Il y est parvenu à force de campagnes médiatrices ou réprobatrices. Chevalier sans peur et envoyé du Seigneur, Charlemagne a fait ces campagnes pour l'avancée de l'humanité.

Même un lion en rage n'aurait pu venir à bout du courage fou avec lequel il a bâti notre avenir. Ses politiques ont contribué à ce que quiconque n'abdique de sa foi. Ses lois, elles, ont d'ailleurs légué à nos générations une éducation sans pareille, tel un sermon venu du Soleil.

Sapré Charlemagne ! ce fut la primauté des droits ta priorité absolue. Sapré Charlemagne ! ce fut aussi le Pape qui t'aida à tracer une mappe. Mais ce fut pour le Tout-Puissant seigneur qu'eût lieu ce règne congru, qui nous imprègne à cette heure-ci.

Gengis Kahn : le conquérant

Dans l'Histoire, je ne peux toujours apercevoir le Soleil au travers des nuages. Cependant, Son image est évidemment présente en tout temps. La renommée de Gengis Kahn le mal-aimé est en ressemblance avec cette discordance.

Quoi vraiment en penser selon cette logique-ci qui est axée vers le bonheur ? Eh bien voici : il n'y a point de terre promise abondante, qui existe déjà en cet état d'abondance, avant l'heure du destin que lui fixe, avec grand soin, le Tout-Puissant seigneur. Le conquérant de Dieu, venu des cieux, prenait, lui, ce genre de terre, sous ordre divin, toutefois sans trop de chagrin. Ce même genre de conquête que les gens de Moïse entreprenaient puis affermissaient, eux, avec tant de piété.

En quoi ces deux destinées étaient-elles différentes ? Voilà : je m'aperçois que les conquêtes du conquérant me laissent pantois. Je dois pour trouver une réponse, croire à une certaine annonce soit la biographie rendue dans la Bible, à savoir celle de Moïse et de la terre promise. Cette dernière me permet de garder ma foi mais, en même temps cependant, la Bible me rend incrédule en regard aux effusions insensées de méchanceté de Gengis Kahn le conquérant et de ses rangs. Est-ce la peur qui me leurre ? Ô Soleil, aidez-moi à me retrouver.

Mao Tsé-toung : le Moïse chinois

      Mao a décidé de se jeter à l'eau pour son peuple assidu. Et après que tous deux eussent aperçu ou entendu le Seigneur de leurs propres yeux et en couleur, tel Moïse, Mao a cru afin d'atteindre la terre promise. Ces héros sont sortis de l'ombre et ont réuni le peuple en grand nombre afin de former une nouvelle nation une fois parvenus à destination.

      En résultat de la Longue Marche, nous avons pu constater ce que Mao Tsé-toung a fait de bien pour son peuple courtois. Toutefois, nous disions aussi de lui qu'il a laissé quelques taches sur une société tempérée. Sur la route du bonheur et au cours des Âges, pouvoir et déboires ne furent pas seulement l'apanage des élus du Tout-Puissant seigneur. En effet, il nous a tous fallu être prêts à faire des efforts, pour tenir le fort face aux contretemps.

      Mao, tu resteras une inspiration. Nous interprèterons ton nom avec fierté et liberté pour encore des générations à venir.

Jésus de Nazareth : le guide vers le bonheur

Jésus est dans ma vie pareil à un frère ! Jésus sauve avec l'énergie du Soleil ou de Jupiter ! Jésus fait un de tes beaux miracles, afin que cette débâcle, due au déluge, ne se déclenche point à nouveau. Notre Seigneur se veut un créateur, donc le cœur de Jésus ainsi que celui de tous ses semblables Lui sont redevables, car Il le veut ainsi.

D'autre part, Pierre et les apôtres sont nuls autres que des employés en mission envoyés par Dieu le père. Tels des guerriers hors pair, courageux et heureux, ils luttent pour me rendre le bonheur accessible, même dans des temps réputés impossibles.

Je partage ma foi et j'essaie de m'y habituer. De cette façon, je respecte la Loi divine et je prends les virages de la vérité vers les *Honneurs du Soleil*. De cette façon, tout semble aller sur des roulettes, et c'est à moi à ne pas faire de boulette.

Je suis certain, que tu as entendu ma prière et sauver ma foi, Jésus, parce que ce n'est pas d'hier que je suis fier de toi, ô mon frère.

Judas l'Iscariote : l'équilibre

Même avec tout le respect dû à la personne de Jésus, un homme s'avère être son envers sur l'échiquier de l'Univers. Je m'explique. Le grand homme qu'est le sauveur et guide vers le bonheur, n'aurait pu l'être, sans la répartie d'un homme, jouant dans la même partie. Cet autre grand patriote du Tout-Puissant seigneur, c'est Judas l'Iscariote.

Ce n'est que justesse que Judas a apportée au monde, puisque Jésus est parti en échappée à l'emporte-pièce. Judas a avancé pas à pas et de façon libre, pour nous, sur cet échiquier pour aider Jésus. Mais il a avancé, bien sûr, selon le Soleil qui lui a pointé un but, celui de garder valeureusement l'équilibre de la structure de sa création qu'est le monde des vivants. Ici, la justesse représente la sagesse et Judas l'Iscariote est réputé apte à maintenir cet équilibre. Il a été guidé, par son ami, vers l'équilibre et le bonheur, tout comme nous le sommes à cette heure. Ils ont été deux patriotes, partis pour un lointain divin. Seigneur aide-moi à garder l'équilibre. Seigneur aide-moi à rester libre.

Cléopâtre : la reine du Nil

Tel le Nil qui fourmille de verdure, Cléopâtre, la septième du nom à trôner, représente un chaînon de fertilité pour sa progéniture. C'est notre mère divine avec une beauté génuine et déléguée par la planète Terre.

Assez paradoxalement à l'Espace noire stérile, le Nil est à la source de toute brousse sur la face de la Terre. Ainsi, Cléopâtre, sa reine, est l'âtre auquel le Seigneur nous a confié, afin que nous puissions, sans désarroi, pratiquer notre foi et trouver notre bonheur sur la Terre. Cette réflexion nous a été racontée, sous forme de scripts parvenus d'Égypte et que l'on nomme hiéroglyphes, ces dessins compliqués, seulement compris par certains érudits.

Il faut donc, dans cette vie jouissive, envoyer une missive louable à nos glorieuses générations futures pour les rendre redevables de nos écrits. La lecture des écritures aide à croire à notre Histoire prodigieuse. Merci de tes conseils, ô Soleil.

Toutankhamon : le prince des pharaons

Où allons-nous vivre l'éternité ? Digne d'un prince aimant de vaillants sujets, Toutankhamon suit le Seigneur, afin que ce dernier nous fasse percevoir la lueur intense, qui donne sur l'éternité.

Le Soleil se porte garant du siège que les pharaons laissent vacant. Toutankhamon est un de nos ambassadeurs auprès de la Merveille. Ce prince-ci est parti, comme sur un manège, par la voie rapide au travers des pyramides.

Les pharaons ont donc été nos guides vers le paradis et sont aujourd'hui les rois des esprits. C'est pourquoi nous nous devons de respecter leur invincibilité et de les vénérer encore à ce jour et pour toujours. Reçois les honneurs qui sont pour toi, ô Tout-Puissant seigneur, afin que nous apprenions où aller pour vivre l'éternité.

La vallée des Rois : le royaume éternel

En Égypte, les pharaons se sont bâtis des cryptes afin de faire, comme nous le savons déjà, la communion avec le Soleil. Cet événement s'est situé dans la vallée des Rois, qui se révèle être maintenant un royaume éternel.

Ils plaident votre condition humaine pour que vous puissiez être admis dans le domaine du Seigneur plein de ferveur. Il en est ainsi afin que soit négocié votre rédemption et votre salut pendant leur mission vers les nues et le paradis.

Gens de bien unissez vos prières pour que rien de fâcheux, ou qui ne soit guère mérité, n'arrive à ces messagers de Dieu à leur retour. Croyez en ces rois et que leur doigt puisse pointer vers vous lors de ce retour en ces lieux et sur le moment où les cieux seront devenus clairs comme le jour.

Que le salut devienne une de vos vertus et qu'il parvienne à vous unir, tels des gentlemen, vers le domaine éternel et plein d'avenir du Soleil.

Mésopotamie : la terre promise

Des hommes cherchèrent à délester leur fardeau, là où l'eau n'était pas salée. Ce fut le départ d'un nouvel âge. Ces hommes choisirent ainsi les rivages des fleuves Tigre et Euphrate qui, en retour, les abreuvèrent. La Mésopotamie est alors créée. Les chasseurs-cueilleurs, des meneurs, et leurs descendants peupleront et gouverneront cette première civilisation. La Mésopotamie, même baptisée sous d'autres noms, représentera avec fierté la civilisation pour des siècles à venir.

Le Seigneur peut bénir les humains, ces bâtisseurs vers le ciel. La terre promise représente, et la débrouillardise, et le respect, et l'amour éternel, qui naissent entre le Soleil et les ancêtres de nos jours civilisés. Maître suprême, nous t'aimons par notre labeur depuis la première heure, depuis la première civilisation ! Accorde-nous le bonheur, en échange des honneurs que nous te faisons.

Robin des Bois : le prince de Sherwood

Lors de ces temps où nous, les humains, étions perplexes devant des paroles de Jésus notre guide, alors considérées frivoles et donc mises à l'index et dans ces temps où nous étions en pâmoison devant notre rédemption, nous avons eu une deuxième opportunité d'aller chercher la liberté et le bonheur par les *Honneurs du Soleil*.

À l'époque, Robin des Bois a été un sauveur probablement envoyé directement, par le Tout-Puissant seigneur. Comme Jésus, il a combattu des idées considérées cette fois perverses. Des idées véhiculées par une soudaine averse de richesses sous forme de monnaie, mais qui comportaient toutefois l'anomalie de représenter l'envie.

Cette seconde opportunité de nous sauver s'est située dans l'équité entre bien nantis et anéantis et que la légende (ou peut-être réalité) de sa bande a tenté de faire régner. C'est sur le partage en tranches de cette soudaine avalanche de richesses, que le prince de Sherwood a établi sa notoriété. Et heureusement Dieu l'a entendu et l'a rapporté promptement au Soleil pour que puisse continuer de nous arriver des merveilles !

Les Chevaliers de la Table ronde: les disciples de Dieu

Les humains sont invités à faire le bien en suivant les bons conseils du Soleil, par l'entremise de Dieu qui nous réfléchit aussi ce que disent les Cieux. Nous étalons alors, tels des chevaliers, notre passion enflammée par le courage et le désir de partage, à cette heure, en route vers le bonheur.

Le degré de cette passion est inspiré par un peloton de héros mythiques ou légendaires dont le roi Arthur et ses disciples de la Table ronde, tels que les a vus Chrétien de Troyes. Et le total de mes prières arrive à grimper, tel un lierre, à la hauteur des attentes du Seigneur et même si, à moi seul, je ne vaux pas un Perceval ou un Galaad.

Ohé ! chevaliers, menons le combat à l'unisson, car cela est juste et bon. Ohé ! chevaliers, conduisons le débat au-delà des frontières, de telle manière que nous puissions connaître maintenant les conseils et les Commandements du Soleil transmis par Dieu.

La libre-entreprise : les États-Unis

Je vois un paradis mais, toutefois, ce n'est point l'ultime paradis. C'est un empire géographique, qui pourrait être dans la mire d'une fin catastrophique. Le paradis doit être une merveille axée sur le Soleil. Il n'y a pas d'humain, ni aujourd'hui et ni demain, qui peux ou pourra surpasser ou même égaler l'emprise du Soleil. Pour honorer cet idéal, je dois me soumettre à la volonté du Soleil, parce qu'il est la source fondamentale de ma vigueur et de ma bonne humeur

La libre-entreprise est basée sur l'innocence et n'a de sens que si elle me sourit. Cela arrivera avec ma foi, mais pourvu que je sois assez assidu à ma quête épanouie de bonheur. Et la foi, tant qu'à elle, est à la base de mes souffrances, qui celles-là, sont nécessaires à mon innocence. Ainsi, l'innocence et la foi sont des voies vers le respect de la volonté de la véritable élite intergalactique : le Soleil et ses Pareils.

La planète Terre : notre Mère

Parmi toutes les planètes, la Terre s'est faite, sans tambours ni trompettes, notre mère accueillante, radieuse et bienveillante, depuis le compte à rebours vers des ères heureuses. Pour tous ces enfants de l'Histoire, les constituants d'un auditoire amoureux, la Terre notre Mère est une déesse à nos yeux et une maîtresse à respecter pour ceux moins évolués.

Il faut que nous fassions attention à ce trésor, car il faut se rendre à bon port. Et si nous nous laissons bercer par Elle, nous saurons, en retour, lui remettre, de manière naturelle, ces baisers qui nous rendent éternels.

C'est aussi la vie que la Terre représente dans l'Univers. En gardant une bonne humeur vis-à-vis du bonheur vers notre destination, nous pourrons alors aimer cette planète telle une mère et telle une conseillère. Elle conservera ainsi la vie possible et accessible à son tour, pour nous qui l'aurons mérité avec dévotion.

La conquête de la Lune : la légende spatiale

Avec notre perception, le fougueux feu du Soleil est un mystère dans sa splendeur et sa grandeur. Et la Terre ayant décidée, sans conciliation, de nous garder en son sein intérieur, il ne nous reste que la Lune pour partager nos pleurs nocturnes.

Cette Lune que nous avons voulu savamment explorer à fond, mais à tâtons, dans le but de loyalement protéger la vie qui représente pour nous le statut d'être éternel et perpétuel. C'est alors que nous avons découvert ce que nous savions déjà à couvert : l'issue attendue, le bonheur d'être vivant, ne saurait être au rendez-vous, pour nous, sans l'approbation du Tout-Puissant seigneur.

Nous aurions peut-être conquis le sol lunaire encore vierge et nous aurions peut-être aussi voulu en faire une auberge, mais qu'après être repartis ailleurs tels des voleurs. Nous aurions pu ainsi en faire notre légende vivante. À présent, toutefois, la vie si pertinente à nos yeux appartiendra au Seigneur dans le ciel bleu, afin que le vrai destin de la Lune puisse être entre ses propres mains.

Mars : la planète rouge

Mars a convoqué ses guerriers desquels s'écoule le sang : c'est la planète rouge, qui m'évoque, mais avec un choc, ce qui ne bouge pas, ce qui est figé en dedans pour un temps limité!

Ces guerriers seraient ceux d'entre nous, qui par malheur, le Tout-Puissant seigneur n'auraient pas dotés, par nature, d'autant de qualités que la majorité. Ces combattants auraient cependant eu une stature aussi imposante et importante que les humains terriens. Donc ils n'auraient pas eu moins de valeur qu'eux aux yeux du Seigneur. Ces troupiers seraient les Martiens (!), bien ancrés sur une planète qui sert d'aire d'attente à ce qui vient de mieux.

Ô ! Seigneur ! donnez-leur, s'il vous plaît, le courage de changer tout ce qu'ils peuvent afin d'être heureux. Ô ! Seigneur ! donnez-leur, si vous le voulez, la sérénité du sage pour accepter ce qu'ils ne peuvent changer. Ils pourront ainsi accéder à la piété.

Jupiter : le Roi

Jupiter est tel un roi pour toi : elle surveille en regardant le monde et les affaires tout en révolutionnant autour du Soleil. Elle se voit tout de même contrainte, comme toi, aux maintes obligations à l'égard des *Honneurs du Soleil*. Pourtant, cette naine brune aperçue au-delà de la brume, par tes yeux courageux et pieux, semble avoir une dimension souveraine.

Sa souveraineté est légitimée par le fait qu'en révolutionnant tous les deux autour du Soleil, par l'intermédiaire de la Terre, vous vous croyiez empreints de liberté et apte au bonheur, et c'est bien ! Mais vu la stature de la planète royale, ta liberté terrestrielle ne serait pas officielle sans son aval. Tu serais donc surveillé, par cet être géant, dans tes dévotions et tes contributions !

Laisse-toi aimer par le Tout-Puissant seigneur, afin que tu puisses jouir de sa chaleur et ce sous le regard autoritaire de Jupiter.

La planète aux anneaux : Saturne

      Les anneaux de Saturne, vus avec imagination, représenteraient des barreaux desquels derrière nous pourrions méditer à nos péchés, puis les regretter avec le but avoué de réintégrer la société du bonheur. Ce minéral sidéral imposant aurait donc été désigné, par le Tout-Puissant seigneur, pour héberger des esprits incompris, afin que ceux-ci puissent s'excuser en toute tranquillité.

      Rendons à Saturne, le géant, ce qui revient à ce dieu mythique : il n'est pas coupable de notre supplice, ce qui le rendrait antipathique à nos yeux. Sinon, grâce à la justice nous nous portons nous-mêmes garants de ce que nous faisons à nos semblables.

      Nous nous confessons à notre aise, Ô Seigneur resplendissant, car nous trouverons enrichissant le pardon que nous allons T'implorer.

Le Messager : Mercure

La planète Mercure est en orbite perpétuelle autour du Soleil. Mercure est la première pierre à graviter de manière complète autour de l'Être suprême. Cette planète serait donc Son messager, tel un employé sans affure.

Étant le deuxième de la hiérarchie établie, de cet Être suprême, représentée par le Système solaire, Mercure a donc le meilleur passage pour communiquer avec son Employeur. L'humanité est donc, quant à elle, instruite de ces messages de procédures, venant du Tout-Puissant seigneur et menant au bonheur.

Ô Soleil, donnez-nous de cette même vigueur que possède Votre voisin, afin que nous puissions vous adorer avec tout notre cœur. Ô Soleil, prêtez-nous de cette volonté qui réside à vos côtés, afin que vos instructions puissent être mises en application.

Vénus : ton amie

Si Vénus doit révolutionner dans un sens inversé c'est pour attirer ton attention, afin que tu puisses la voir comme *focus*. Et c'est par amour pour ce qui est autour que le Soleil dit à Venus : « Veille ! ». Si Vénus veille et représente l'Amour, c'est pour te faire voir le jour éclairci ou la nuit étoilée, tels des merveilles dignes des *Honneurs du Soleil*.

Le Tout-Puissant seigneur veut ton bonheur et, pour cette raison, il aurait bâti cette création qu'est Vénus ton amie. Ainsi, l'Être suprême t'envoie une lueur, mais en te demandant, lui-même, de lui déférer tes honneurs. Assurément, cogite au bien, et rien ne t'arrivera d'embarrassant ici, où tu habites, et dans l'Au-delà.

Que l'Amour puisse t'aider à servir Sa gloire et que Vénus ton amie, en plus, te mène à l'euphorie.

Le Monde : la Vie

Qui sommes-nous ? Des splendeurs rassemblées d'un peu partout et créées en êtres vivants par le Tout-Puissant seigneur, puis confiées à notre Mère la Terre ?

Ce questionnement incongru annonce une réponse inconnue pour cet instant. Toutefois, il est permis d'affirmer que, pour continuer à jouer ou à travailler malgré nos dissensions, il faut suivre les instructions adressées par le Soleil cette merveille. Il est vrai, maintenant comme toujours, que c'est grâce à Lui et à son immense amour pour la vie que l'humain pense aujourd'hui.

Aime-nous Seigneur, afin que nos efforts nous mènent à bon port. Ainsi ravis, nous allons pouvoir apprendre de Tes leçons et recevoir, de centaines de façons, cet Amour en retour : gloire à Ton nom ainsi qu'à Tes leçons.

Les Humains : les bâtisseurs vers le Ciel

Sur le chemin de la foi, l'être humain a assumé, avec émoi, sa quête vers Dieu et le royaume des Cieux. Il a ainsi érigé une tour, celle de Babel, et une ribambelle d'édifices ornés d'artifices, afin de confirmer cette foi de troubadour.

Il existe aussi aujourd'hui un autre comportement, mais qui m'apparaît meilleur : être directement aux aguets des instructions du Seigneur. Il est redevable de tout, que ce soit à l'intérieur ou à l'extérieur. Ce genre de communication a donc toutes les raisons de me paraître vraisemblable.

Nous entendons Votre voix, la vraie foi, qui est présente pour nous ô Seigneur. Et que par notre raison, nous puissions ainsi atteindre le bonheur et poursuivre notre destinée : devenir un soleil tel le Bien-aimé.

Les Poissons : les vivants conscients

Les poissons nagent dans l'eau, cet élément naturel dans lequel, selon la science, la vie a pris naissance, à un autre Âge en émanant du Très-Haut. Aussi, un poisson joui d'une conscience que cette même science ne saurait remettre en question. Le poisson ignore cependant ce qu'est Dieu, mais doit quand même, lui aussi, fournir des efforts. Ce vivant conscient est sauvé par le Maître suprême. Donc, il peut bien aspirer à être constitué de la même crème que le sont les êtres intelligents tels les humains et les oiseaux.

Ainsi, le poisson devient une indication de la mission vers le bonheur du Tout-Puissant seigneur, quand il est comparé aux caucasiens ou aux corbeaux. *Heureux comme un poisson dans l'eau* est un proverbe harmonieux et une ritournelle pour lesquels l'explication se lit : heureux est celui qui croit en Lui, même avec les yeux fermés à demi.

Les Insectes : les bêtes du feu

     Êtes-vous à l'aise d'agréer l'hypothèse que tout insecte a une distinction étant issue, de façon directe, du feu du Royaume des cieux?

     Bien qu'elles soient souvent hideuses, ces créatures renvoient une image pieuse. Aussi, le bien est important pour le Tout-Puissant seigneur. Par bonheur, tout en élaborant votre savoir, Il a le pouvoir de faire des liens entre les bêtes de feu et l'Univers. Par exemple, la fourmi, avec sa force inouïe, vous rappelle, tel que vu en classe, Atlas portant sans attelle sur son dos la planète Terre tout entière. Et la bête avec des ailes, elle, semble vous dire : « Eh ! Regardez ce que je peux accomplir ! Le Soleil m'habite et pareil à vous je gravite avec la Terre notre Mère »

     Il faut sagement voir les insectes en amis et alliés ; ils sont le complément de vos vies et de vos possibilités.

Les Oiseaux : ces êtres volants

Nous observons de façon naturelle les oiseaux pour leur capacité de planer dans le ciel si haut. Même si ces êtres volants paraissent en contact constant avec le Tout-Puissant seigneur, ils doivent tout de même faire, eux-aussi, preuve de tact envers le Maître suprême.

Nous ne comprenons pas ce qu'ils pensent mais cependant, gageons que les êtres volants doivent aussi prier pour que la volonté du Seigneur s'accomplisse, et qu'ainsi il puisse y avoir abondance de bonheur.

Toujours en observant le ciel, plions devant cette volonté du Soleil et soyons solidaires entre espèces, afin que rien n'abaisse l'amour universel. Somme toute, en nous servant des oiseaux tels des lampadaires, nous verrons toujours le Tout-Puissant seigneur et sa route vers le bonheur et l'amour.

TABLE DES MATIÈRES

Le Soleil : le Tout-Puissant seigneur……………………….. P. 5

L'Univers : notre motivateur……………………………………P. 6

Sirius : l'Oncle bienveillant……………………………….... P. 7

Notre Système Solaire : L'espace vivant………………….P. 8

Les Galaxies : les exemples………………………………….P. 9

La Voie Lactée : l'héritage mythologique…………………..P. 10

Alexandre Le Grand : le leader……………………………...P. 11

Jules César : l'ambassadeur de la gloire………………….P. 12

Le Christ sur Terre : l'empereur Charlemagne…………...P. 13

Gengis Khan : le conquérant………………………………...P. 14

Mao Tsé-toung : le Moïse chinois…………………………..P. 15

Jésus de Nazareth : le guide vers le bonheur……………..P. 16

TABLE DES MATIÈRES (suite)

Judas l'Iscariote : l'équilibre……………………………...P. 17

Cléopâtre : la reine du Nil……………………………….P. 18

Toutankhamon: le prince des pharaons…………………P. 19

La vallée des Rois : Le royaume éternel………….....…..P. 20

Mésopotamie : la Terre promise………………………...P. 21

Robin des Bois : le prince de Sherwood………………...P. 22

Les Chevaliers de la Table ronde : les disciples de Dieu….P. 23

La libre-entreprise : les États-Unis ……………………..P. 24

La planète Terre : notre Mère…………………………...P. 25

La conquête de la Lune : la légende spatiale……………..P. 26

Mars : la planète rouge………………………………….P. 27

Jupiter : le Roi………………………………………….P. 28

La planète aux anneaux : Saturne………………………..P. 29

TABLE DES MATIÈRES (suite)

Le messager : Mercure……………………………………….P. 30

Vénus : ton amie…………………………………………..P. 31

Le Monde : la Vie…………………………………………P. 32

Les Humains : les bâtisseurs vers le Ciel……………P. 33

Les Poissons : les vivants conscients…………………..P. 34

Les Insectes : les bêtes du feu…………………………P. 35

Les Oiseaux : ces êtres volants……………………...P. 36